LE SUFFRAGE UNIVERSEL

ET LA LOI ÉLECTORALE

PARIS — IMP. SIMON RAÇON ET COMP., RUE D'ERFURTH, 1.

H. DRUON

LE SUFFRAGE UNIVERSEL

ET

LA LOI ÉLECTORALE

PARIS

CHARLES DOUNIOL ET Cⁱᵉ, LIBRAIRES-ÉDITEURS

29, RUE DE TOURNON, 29

1871

LE SUFFRAGE UNIVERSEL

ET LA LOI ÉLECTORALE

I

La France, depuis trois quarts de siècle, semble condamnée à n'avoir plus que des institutions instables. Sans atteindre à l'extrême vieillesse, les hommes de la génération présente ont vu disparaître et revenir, à plusieurs reprises, l'empire, la royauté, la république. Douze ou treize constitutions se sont succédé, qui toutes, si éphémères qu'elles dussent être, s'étaient proclamées comme durables et définitives. Que de fois nous avons étonné l'Europe par nos brusques changements! Rien qui ressemble moins à la France de la veille que la France du lendemain : tour à tour éprise de liberté jusqu'à supporter difficilement que cette liberté ait des bornes; puis tellement amoureuse de servitude qu'un maître ne semble jamais pouvoir trop exiger de son obéissance, tant elle se montre patiente et docile. « Si nos aïeux, disait Tacite, ont connu l'extrême de la licence, nous avons, nous, subi l'extrême de l'esclavage. *Sicut vetus ætas vidit quid ultimum in libertate esset, ita nos quid in servitute.* » Plus prompts à nous transformer que les Romains, c'est dans le même âge que nous avons passé et repassé par les deux extrêmes. Si du moins nous touchions à la fin de nos révolutions! Mais qui oserait dire que notre pays ne réserve pas encore aux peuples qui nous regardent de nouvelles surprises?

S'il est cependant permis d'affirmer que quelque chose persistera désormais, ce qui semble devoir rester debout, c'est le suffrage universel. Ce n'est pas que son avénement ait été prévu et attendu comme une de ces nécessités que tous reconnaissent. « Le jour du suffrage universel ne viendra jamais, » disait, en 1847, M. Guizot, du haut de la tribune. La conviction de l'éminent orateur était partagée par un grand nombre d'esprits distingués. Les promoteurs des banquets pour la réforme électorale, à bien peu d'exceptions près, ne songeaient pas à conférer à tous les citoyens le droit de voter : leur succès a dépassé leurs espérances, peut-être même leurs désirs. Quoi qu'il en soit, que le suffrage universel soit arrivé à son heure, ou qu'il nous ait été prématurément donné, qu'il soit le danger ou le salut, il existe : on peut le discuter théoriquement ; mais amis et adversaires, tous en conviennent, on ne peut songer à le supprimer. Il est en quelque sorte la loi des lois. Rien d'ailleurs ne flatte mieux ce sentiment d'égalité, sentiment parfois envieux et aveugle, il faut le reconnaître, qui est le caractère distinctif de notre société et de notre temps. Demandez au manœuvre le plus ignorant, au paysan le plus insouciant des choses politiques, s'ils consentent à renoncer à un droit qui les met de pair avec les plus instruits et les plus riches : beaucoup se révolteront ; car ils sont tout fiers de penser que leur voix compte tout autant, le jour du scrutin, que celle de l'homme qui a sur eux la supériorité de la position, de la fortune, ou du savoir.

Mais s'il faut respecter le suffrage universel dans son principe, il est au moins permis de l'organiser, de le régler. Plus même le vote populaire a de puissance (et il dispose de tout aujourd'hui), plus le législateur doit s'efforcer d'en assurer la sincérité et l'intelligence. Or, sans porter atteinte au droit écrit dans nos constitutions depuis 1848, il n'est pas défendu de croire que la loi électorale qui nous régit n'est pas tout à fait un chef-d'œuvre, et qu'elle appelle des réformes. L'Assemblée nationale aura, sans aucun doute, à consacrer à cet examen quelques jours de ses travaux ; et ces jours ne seront pas les moins utilement employés. Mais en attendant ce qui sortira de ses délibérations, tout citoyen, si humble qu'il soit, peut, sans empiéter sur les attributions du législateur, indiquer ce qui lui semble le meilleur. La question est pour ainsi dire à l'ordre du jour ; elle est d'un intérêt capital. Nous voudrions voir le public s'en occuper sérieusement.

II

Ce n'est pas en 1848 que la France a fait, pour la première fois, l'épreuve du suffrage universel : il avait été déjà établi par les constitutions de 1791, de 1793 et de 1795 ; mais il n'eut pas le temps de s'implanter dans nos habitudes et dans nos mœurs. La Constitution de l'an VIII (1799) n'en conservait déjà plus que l'apparence : au fond, grâce à d'ingénieuses combinaisons, le Premier consul s'était érigé en grand électeur, ou plutôt en électeur unique. Puis vint le suffrage restreint, qui a duré, avec diverses modifications, près d'un demi-siècle. C'est donc dans les constitutions républicaines seulement qu'il faut chercher, quant à l'objet qui nous occupe, des rapprochements et des analogies entre le présent et le passé.

Quelles sont les conditions qu'il faut remplir pour être électeur? tel est le point de départ de toute loi électorale. Élire, c'est dans une certaine mesure prendre part au gouvernement du pays, agir sur les destinées du pays : moralement on est responsable envers tous du vote que l'on émet; s'il est irréfléchi, il peut avoir parfois les conséquences les plus graves. C'est ici qu'il importe surtout de faire la distinction, trop souvent oubliée, des droits civils et des droits politiques : les premiers sont comme inhérents à notre nature ; on ne peut nous en frustrer sans nous refuser en quelque sorte le caractère d'homme. J'ai le droit de posséder, le droit d'user et d'abuser de ce qui est à moi : si je perds ma fortune, après tout je ne fais de tort qu'à moi-même. Mais quand la société me met en main le suffrage, elle me donne prise sur elle; l'exercice de la fonction qui m'est confiée (car le vote est une fonction tout aussi bien qu'un droit) compromet ou sauvegarde les intérêts publics. La société peut donc et doit, au nom de sa sûreté, prendre des garanties. S'il y avait un signe auquel on pût distinguer les capables des incapables, on devrait n'admettre à l'urne électorale que les premiers, à l'exclusion des autres. Ce signe n'a pas encore été trouvé. Prendre, comme indice de la capacité, la fortune, ce n'était qu'une présomption, démentie souvent par les faits. D'ailleurs rien d'odieux comme le privilége fondé uniquement sur la richesse, bien ou mal acquise : il est une incitation aux sentiments cupides, et ce ne sont pas ceux-là qu'il convient de développer et d'honorer dans une nation, en les récompensant.

La Constitution de 1791 déclarait citoyen actif (ou électeur du premier degré) tout Français âgé de 25 ans accomplis, pourvu qu'il payât une contribution directe, au moins égale à la valeur de trois journées de travail, et qu'il ne fût pas dans un état de domesticité, c'est-à-dire de serviteur à gages. Plus radicale, la Constitution de 1793 se bornait à exiger vingt et un ans d'âge. Elle ne fut jamais appliquée. La Convention, dont elle était l'œuvre, en refit une autre, celle de l'an III (1795). Était citoyen, et par conséquent électeur, le Français de vingt et un ans, payant une contribution foncière ou personnelle, quelle qu'en fût la quotité, et ne servant pas comme domestique à gages, attaché au service de la personne ou du ménage. En outre (mais cet article ne devait recevoir son exécution qu'à partir de l'an XII), il fallait prouver que l'on savait lire et écrire, et exercer une des professions mécaniques : l'agriculture rentrait dans ces professions [1].

En 1848, dans ce mouvement soudain qui venait de substituer la république à la monarchie, le gouvernement provisoire, pressé par les circonstances, n'avait guère le temps d'élaborer à loisir un code électoral : il fit à la hâte une loi, qui n'était, à beaucoup d'égards, qu'un retour pur et simple aux dispositions de cette Constitution de 1793, restée à l'état de lettre morte, nous l'avons déjà remarqué. Pour être investi du droit de voter, il fallut tout simplement avoir vingt et un ans. La loi de 1849, bien qu'elle eût été l'objet de plus longues délibérations, n'osa pas en exiger davantage. C'est dans ces mêmes conditions que s'est faite, tout récemment, l'élection qui nous a donné la présente Assemblée nationale.

Convient-il de n'apporter en ce point aucune modification à la loi? Certes un corps d'électeurs censitaires nous déplaît autant qu'à personne. Mais franchement, demander que tout citoyen, pour être admis à voter, paye une contribution directe, si minime qu'elle soit, serait-ce montrer trop de rigueur? La Convention ne l'a pas pensé, et la Convention n'a jamais, que nous sachions, passé pour une assemblée aristocratique. Elle voulait seulement par là écarter, non pas les pauvres, dont le droit est aussi sacré que celui des riches, mais les gens sans aveu qui ne tiennent à rien, étrangers, pour ainsi dire, au sol qui les supporte, ne sachant pas demander leur vie au travail, inutiles et même dangereux à la société.

Aujourd'hui, avec notre extrême division de la propriété, un nombre considérable de cotes foncières ne dépassent point 5 francs. Beaucoup sont inférieures à ce chiffre : il en est qui descendent au-dessous de 1 franc, à 75, à 50, à 20 et même à 6 centimes. Des censitaires à 6 centimes, est-ce là ce qui constituerait une aristocratie de fortune?

L'obligation de payer une contribution directe, foncière, personnelle ou mobilière, ne serait-elle pas la meilleure garantie que l'électeur a un foyer, si humble qu'il soit? Nous le pensons, celui-là seul doit être réputé citoyen qui ne vit pas dans la société en nomade. L'idée de cens, dans ces conditions, n'a rien qui doive effaroucher. Si pourtant on voulait à toute force, et contre l'évidence, y voir un retour au privilége, soit, n'exigeons pas que l'électeur paye quelque chose : mais n'avons-nous pas le droit de demander qu'il ne soit pas au moins dans l'état de domesticité? Le suffrage doit être essentielle-

---

[1] Nous laissons de côté les incapacités légales, prononcées dans toutes les constitutions, et résultant de condamnations.

ment libre : or qui pourrait nier que chaque fois que le maître le voudra (et il le voudra presque toujours), c'est lui qui votera par la main de son serviteur? Il dépose autant de bulletins qu'il a de valets.

Camille Desmoulins, dans *le Vieux Cordelier*, donnait une explication assez originale du genre de services que, selon lui, Marat était appelé à rendre : « Nous avons Marat, qui, par sa vie souterraine et ses travaux infatigables, est regardé comme le maximum du patriotisme, et a cette possession d'état si bien établie, qu'il semblera toujours au peuple qu'au-delà de ce que propose Marat il ne peut y avoir que délire et extravagance, et qu'au-delà de ses motions il faut écrire, comme les géographes de l'antiquité à l'extrémité de leurs cartes : Là il n'y a plus de cités, plus d'habitations; il n'y a que des déserts et des sauvages, des glaces et des volcans. »

Quelque chose de semblable pourrait se dire de la Convention. Elle a tout au moins le mérite d'avoir posé les bornes extrêmes qui ne doivent jamais être dépassées. Aller plus loin que la terrible assemblée qui allait si loin, n'est-ce pas risquer de franchir toutes les raisonnables limites ? Citer la Convention, c'est invoquer une autorité qui certes n'est pas suspecte ; on peut bien, après elle, croire qu'on ne viole pas les principes démocratiques en refusant le droit électoral à ceux qui sont dans l'état de domesticité.

Ne conviendrait-il pas aussi d'examiner si beaucoup d'électeurs ne sont pas bien jeunes pour une fonction aussi sérieuse? Vingt et un ans ! Quand nous regardons autour de nous, dans notre société, nous ne pouvons nous empêcher de trouver que bon nombre de ceux qui vont voter auraient besoin d'avoir fait un peu plus l'apprentissage des choses de la vie. Hier ils étaient sur les bancs du collége, aujourd'hui ils ne sont pas encore sortis de l'école (nous parlons des plus instruits, de l'élite, de ceux qui seront médecins ou avocats; que serait-ce, si nous descendions vers les classes ignorantes ?) et les voilà déjà investis du droit le plus considérable qu'un citoyen puisse exercer. A Dieu ne plaise que nous songions à contester les généreux instincts de la jeunesse ; mais présumer qu'elle est suffisamment éclairée, suffisamment dégagée de passion, n'est-ce pas oublier que l'expérience ne s'improvise point? La loi civile a pris soin de nous préserver des écarts où l'âge pourrait nous entraîner : à vingt et un ans elle ne nous accorde, en quelque sorte, qu'une demi-majorité ; car nous n'avons pas le droit de nous marier sans le consentement paternel. Pour être affranchi de toute tutelle, il faut avoir accompli sa vingt-cinquième année ; et pour obtenir la majorité politique, il suffit de vingt et un ans! N'y a-t-il pas là une véritable contradiction ? A l'inverse de ce qui se passe, la majorité politique ne devrait venir qu'après la majorité civile. A moins qu'on ne soutienne par hasard que le choix de ceux que nous élisons pour faire les lois et nous gouverner intéresse moins la société que le choix de celle que nous allons chercher pour en faire notre compagne particulière.

Nous estimons donc qu'il serait utile d'exiger, comme l'avait fait la première Constituante, vingt-cinq ans d'âge. Dans une disposition de cette nature il n'y a rien de blessant pour personne. Si vous m'écartez de la salle du scrutin, parce que je suis pauvre, vous me frappez d'une sorte d'indignité dont je ne me relèverai jamais peut-être ; car rien ne m'assure que je serai riche, ni demain, ni dans dix ans. Mais me dire : « Attendez, vous reviendrez un peu plus tard : nous ne vous demandons pas d'ajouter à votre fortune, mais simplement de laisser passer le temps, qui vous apportera assez vite, trop vite, hélas ! les deux ou trois années qui vous manquent aujourd'hui. » Que puis-je trouver là d'injurieux ?

Mais, dira-t-on peut-être, réduire le nombre des électeurs, c'est porter atteinte au suffrage universel, le restreindre, et en réalité le détruire. — L'objection n'est pas sérieuse. Le suffrage, d'abord, n'est pas, n'a jamais été, et ne peut jamais être universel dans le sens absolu du mot. Il ne le serait que le jour où tout le monde serait admis à voter, la femme aussi bien que l'homme, l'enfant comme le vieillard [1]. Quand on a préconisé le suffrage de tous, on a simplement voulu dire, sans condition de cens : on supprimait le privilége de la fortune, voilà tout. Quant à la limite d'âge, elle est inévitable ; elle est laissée à l'appréciation du législateur. Mais en n'admettant que des électeurs de vingt-cinq ans, on ne dérogerait pas au suffrage universel, pas plus que lorsqu'on a exigé vingt et un ans, et non dix-huit.

En fixant un âge plus avancé, la loi aurait d'ailleurs une utilité qui, selon nous, ne serait pas médiocre. Il faut savoir dire sa pensée tout entière, même quand elle semble heurter les idées reçues. La loi supprimerait ainsi, de la liste électorale, la plupart de ceux qui sont sous les drapeaux : or il n'est pas bon que le militaire sous les drapeaux soit appelé à voter Les préliminaires de la future loi sur l'armée viennent de le déclarer en principe, et c'est le principe même de la distinction entre la société civile et la société militaire.

Nous venons de faire la cruelle expérience des maux que peut infliger au pays tout entier la perte de la discipline dans l'armée :

[1] Certains esprits, sur lesquels les mots ont un singulier empire, ont été jusque-là. Sous prétexte que le suffrage n'est pas universel tant qu'il y a une seule exception, ils ont réclamé le vote pour tous : même l'enfant qui vient de naître voterait ; seulement son droit serait exercé par le père. C'est être dupe des expressions : un droit que l'on ne peut exercer soi-même n'a jamais été un droit.

sans prétendre que nos revers n'aient point d'autres causes, toujours est-il, de l'aveu de tous, que nous manquions trop d'une qualité qui a fait en partie la supériorité de nos ennemis. Que nos désastres nous servent de leçon pour l'avenir. Le militaire a des obligations spéciales ; il n'est pas comme les autres citoyens ; il ne s'appartient plus : il est soumis à une règle étroite ; l'obéissance immédiate est au premier rang de ses devoirs. Se figure-t-on le soldat allant et venant à son gré, jugeant les ordres de ses chefs ? Une armée qui délibère n'est plus une armée. Du moment où la caserne est convertie en salle de scrutin, l'officier n'a plus qualité pour commander : s'il ordonne, il usurpe, et il sera souvent tenté d'ordonner. Mais le vote fini, le soldat va-t-il reprendre aussitôt cette obéissance dont il a pu légitimement se dégager un instant ? Lui sera-t-il si facile de faire la part exacte de ses droits civiques et de ses devoirs militaires ? Une fois que la volonté des chefs a pu être discutée, elle le sera trop souvent ; l'indépendance dégénérera facilement en insubordination. Électeur et soldat, ce sont là deux termes qu'il n'est pas aisé de concilier : en théorie ils s'accorderont peut-être, mais dans la pratique, presque inévitablement ils s'excluront.

Il est encore une autre raison qui doit faire supprimer le suffrage de l'armée. L'armée, c'est la force publique, uniquement instituée pour agir, pour exécuter ; elle sert, elle ne dirige pas : elle est la main du pays, elle ne doit pas être sa volonté. Les agitations électorales, quoique vives, doivent toujours rester pacifiques ; le vaincu doit se soumettre, et attendre le prochain scrutin[1]. Mais si l'on suppose l'armée continuant de se mêler à ces luttes, et, soit conviction, soit intérêt, se portant tout entière d'un côté (l'hypothèse n'a rien d'inadmissible), la résignation lui sera-t-elle toujours facile, dans le cas d'une défaite ? Ne pourra-t-elle pas être tentée, pour faire pencher l'un des plateaux de la balance, d'y jeter le poids de son épée ? C'est l'histoire des prétoriens : ils imposaient leurs volontés au reste de la nation. Prévoir ce danger pour l'avenir, et chercher, au nom de l'intérêt de tous, à l'écarter, est ce donc concevoir des craintes si chimériques[2] ?

Sans parler des anciennes républiques qui n'admettaient pas le soldat à voter, il est à remarquer que la Convention elle-même sup-

---

[1] Il était dangereux surtout que les soldats votassent à part, et ne confondissent pas leurs suffrages avec ceux des autres citoyens. Ils pouvaient ainsi être amenés insensiblement à se considérer comme une nation dans une autre nation.

[2] La loi interdit l'entrée du collége électoral à quiconque est porteur d'une arme : n'est-ce pas reconnaître et déclarer que le vote est l'exercice d'un droit purement civil ?

primait indirectement le suffrage du militaire sous les drapeaux. Le
vote ne pouvait être émis par l'électeur que dans le canton auquel
il appartenait. Le Provençal ou le Languedocien, en garnison dans
l'Est ou dans le Nord, n'avait pas à déposer un bulletin qui dût être
compté dans son département. A moins donc que par un hasard tout
exceptionnel il n'eût l'heureuse chance d'accomplir son service dans
son propre pays, électeur en droit, en fait il cessait de l'être.

III

Convient-il que tout électeur soit appelé à choisir directement
parmi ceux qui sollicitent de lui une part du pouvoir public, ou qu'il
délègue le soin de faire ce choix aux citoyens qu'il estimera pouvoir
le mieux connaître et juger les candidats? A cet égard la législation
française a varié. La Constitution de 1791 établissait le suffrage à
deux degrés ; celle de 1793 le détruisait ; on y revenait en 1795.
Depuis 1848, c'est le vote direct qui a prévalu. L'excellence n'en
a-t-elle paru douteuse à personne? On serait tenté de le croire, à
voir comme il a été peu controversé. La question méritait cependant
d'appeler l'attention sérieuse du législateur ; car il n'est pas certain
que dans l'état actuel du pays il n'y ait rien de mieux à chercher.
A première vue, nous l'avouons sans peine, le suffrage direct
semble préférable. L'élu doit représenter les idées de celui qui l'élit;
mais il est clair que cette représentation ne peut être exacte de tout
point : nous ne trouverons jamais personne qui nous ressemble assez
pour être un autre nous-même. Nos pensées et nos opinions subis-
sent toujours quelque modification quand elles entrent dans l'esprit
d'autrui. Mais on peut craindre surtout que les idées de l'électeur ne
soient fort altérées, si elles n'arrivent jusqu'à l'élu qu'en passant par
des intermédiaires. Il en serait comme d'une version faite, non pas
sur le texte original, mais d'après une traduction : elle serait sans
doute infidèle en plus d'un endroit.
Que tel puisse être en effet l'inconvénient du suffrage à deux
degrés, nous ne le nions pas. Mais dans ces questions il faut surtout
tenir compte de l'état de la société. En principe, si tous les électeurs
étaient éclairés, s'ils s'occupaient sérieusement des affaires du pays,
s'ils savaient nettement ce qu'ils veulent, enfin s'ils avaient des loi-
sirs suffisants, le vote direct présenterait d'incontestables avantages.
Nous irons même plus loin, car la logique le veut ainsi : le régime
plébiscitaire pourrait alors avoir sa raison d'être, comme il l'a eue
dans quelques-unes des républiques de l'antiquité ; pourquoi en effet

abdiquer nos pouvoirs, s'il nous est possible de les exercer utilement ? Les lois importantes seraient soumises à l'examen et à la ra-
tification du peuple.

Mais il faut bien le reconnaître, nous ne sommes pas tous aptes
à faire œuvre de législateurs ; et, sauf quelques esprits qui, par système ou par regret, veulent l'emploi des plébiscites (les plébiscites
nous ont si bien réussi!), tout le monde est d'accord qu'en ce qui
touche la chose publique la décision pleine et entière doit être re-
mise à des mandataires.

Ces mandataires, le premier venu est-il capable de les bien choisir ? N'est-ce pas un acte qui exige déjà certaines lumières? S'il n'est
question que de nommer un conseil municipal, le vote direct n'a
point d'inconvénients : toutes les affaires que traitera ce conseil tou-
chent de près l'ouvrier et le paysan le moins instruit ; il s'agit
de leurs intérêts les plus immédiats, et ils s'en font une idée assez
exacte pour savoir à qui donner leur confiance. D'ailleurs, et c'est
un point essentiel, ils connaissent par une pratique de tous les jours
les candidats qui se présentent à leurs suffrages. Il y a déjà plus de
difficultés quand l'élection se fait pour le conseil général : pourtant,
comme elle ne dépasse pas les limites étroites du canton, l'électeur
peut être réputé avoir une connaissance suffisante des choses et des
hommes sur lesquels il est appelé à se prononcer. Mais quand le
cercle s'élargit, quand il faut chercher, loin de soi peut-être, le représentant qui aura, non plus seulement à régler des affaires locales, mais à débattre les plus hautes questions de politique et de législation, à décider des intérêts les plus graves de l'État, n'est-ce pas
nous faire du corps électoral une idée trop flatteuse que de croire à
la compétence de tous ceux qui le composent? Pour émettre un vote
éclairé (et lorsqu'il n'est pas éclairé il devient vite dangereux, on ne
saurait assez le dire), il faut avoir déjà quelque notion des affaires
générales du pays, et de la valeur des candidats qui se disputent les
suffrages. Or, franchement, l'artisan qui ne s'est peut-être jamais
occupé de ce qui se passe hors de son atelier, le paysan dont l'extrême horizon ne s'étend pas au delà de son champ ou du marché
voisin, ne seront-ils pas exposés à marcher souvent au scrutin en
aveugles? De là, parfois des majorités de hasard, qui ne représentent rien, et qui risqueraient fort de ne plus se retrouver le lendemain, à des élections nouvelles, sans qu'on puisse dire cependant
que l'esprit public ait vraiment changé. Si la liberté, comme nous
le croyons, n'existe pas sans la réflexion et la délibération, peut-on
dire qu'un suffrage donné à l'aventure soit réellement libre?

Il nous revient à l'esprit un mot recueilli dans l'enquête faite à
propos d'une des élections de 1869, et cité à la tribune. Un paysan

avoue qu'il était bien embarrassé pour choisir entre les deux candidats en présence : « Je n'en savais pas plus que mes moutons, dit le « brave homme ; mes deux bulletins étaient dans ma poche ; pas « d'opinion : j'aurais mis celui qui me serait venu sous le pouce. » Il ne se doutait pas, le naïf électeur, combien il disait juste. Comme les moutons ! à la bonne heure : voilà qui pourra être admirable de docilité, sinon de discernement. Mais si par hasard le troupeau est nombreux, de quelle idée, de quels principes l'élu sera-t-il l'expression ?

Le suffrage à deux degrés n'aura pas, nous le reconnaissons, la vertu de rendre l'électeur plus éclairé, plus intelligent. Mais l'électeur qui ne sait rien connaît au moins, dans son voisinage, quelqu'un qu'il sait en savoir plus que lui : c'est à cet autre plus instruit qu'il déléguera le soin de choisir le député. Et que l'on ne craigne pas que l'ignorant prenne de préférence un ignorant. Voyez ce qui se passe dans les élections municipales du plus humble village : ceux-là seuls qui sont réputés plus ou moins capables peuvent se mettre sur les rangs avec quelque chance.

Que l'élection soit ainsi plus réfléchie, partant plus sérieuse et plus digne, c'est un avantage qu'à notre sens on ne saurait trop apprécier. Mais il en est d'autres encore que nous devons au moins signaler. Quel que soit le nombre des électeurs du second degré, il sera relativement restreint : dès lors la question du vote à la commune ou du vote au canton perd de son importance ; il ne s'agit plus de déplacer, à un jour donné, toute la population virile. Ajoutons que l'élite qui doit voter peut, dans les lieux où elle se réunira, se mettre plus facilement en rapport avec les candidats, les interroger, scruter leurs sentiments, leurs opinions, en un mot les connaître, chose essentielle, et cependant à peu près impossible avec le suffrage direct ; car quelles assemblées assez vastes pourraient se tenir où fussent présents tous ceux qui doivent concourir à l'élection ? Enfin, s'il est difficile d'exiger la majorité absolue, au risque de recommencer le scrutin, lorsqu'il faut mettre en mouvement une masse électorale considérable, la difficulté se trouve singulièrement amoindrie, quand il ne s'agit plus d'appeler autour de l'urne qu'un nombre réduit de votants. Or, n'est-il pas incontestable que l'élu, s'il n'a obtenu qu'une majorité relative, ne représente pas le pays avec la même autorité que s'il avait réuni la majorité absolue ?

En résumé, la question du suffrage à deux degrés nous semble l'une de celles qui doivent être le plus sérieusement étudiées. Et que l'on ne dise pas que le citoyen, qui ne nomme plus directement son député, est lésé dans son droit : l'électeur du second degré a sans doute plus de pouvoir ; mais ce pouvoir, tout temporaire, il

lè tient de la libre volonté de tous ; il n'en jouit pas comme d'un privilége. Si le mandat qui lui est confié détruisait l'égalité, il serait tout
aussi vrai de dire qu'on la détruit le jour où l'on choisit des députés ; car le député a des droits tout particuliers. En d'autres termes,
toute élection, par son résultat, serait une atteinte au principe d'é-
galité.

Si nous préférons le vote à deux degrés, c'est que nous songeons
surtout, qu'on ne l'oublie point, à l'état général de l'instruction en
France. Savoir à peu près lire et écrire, quand on ne sait tout juste
que cela, c'est bien peu de chose ; et cependant combien d'électeurs
qui ne savent pas lire et écrire[1] ! Sans prétendre faire de tous les
citoyens des docteurs, il est au moins permis d'espérer qu'un jour
viendra (et puisse-t-il être proche !) où la complète ignorance sera
une rare exception ; où chacun aura pu s'éclairer, se faire une opinion sur les affaires du pays, et saura, en déposant son bulletin, ce
qu'il fait et ce qu'il veut. Alors le retour au suffrage direct ne pré-
sentera plus de danger ; mais jusque-là qu'il nous soit permis de
n'en être pas le partisan[2].

IV

Le nombre des représentants et les bases de la population ont souvent varié. D'après la Constitution de 1791, les députés étaient répartis, entre les quatre-vingt-trois départements dont se composait
alors la France, selon les trois proportions du territoire, de la population, et de la contribution directe. On ne voit pas bien quelle peut
être en pareille matière l'importance de l'étendue territoriale, con-
sidérée toute seule, abstraction faite du nombre et de la richesse des
habitants. Mais quoi qu'il en soit, le principe posé n'était pas exacte-
ment observé ; car, bien que très-inégaux en superficie, tous les départements avaient droit, pour leur territoire, chacun à trois députés,

[1] On a parfois demandé que nul, à moins de savoir lire et écrire, ne pût exercer
le droit électoral. Autant que personne nous désirons voir l'instruction se propager ;
mais d'abord il ne serait pas aussi facile qu'on paraît le croire de déterminer quels
sont ceux qui possèdent l'instruction requise ; ensuite croit-on que ce semblant
de savoir offre une garantie bien grande ?

[2] La Constitution de 1793 elle-même, la seule parmi les anciennes constitutions
qui ait fait nommer directement les députés par les citoyens réunis en assemblées
primaires (électeurs du premier degré), faisait choisir les candidats aux fonctions
de membres du Conseil exécutif de la République, les administrateurs de départements et de districts, et les juges, par les assemblées électorales (électeurs du second degré). N'était-ce pas avouer que le suffrage direct présente souvent de
graves inconvénients ?

sauf le département de Paris qui ne devait en nommer qu'un seul. La répartition faite d'après les deux autres bases ne donnait plus lieu au même reproche : car la masse totale de la population active (électeurs primaires), et la somme totale de la contribution directe étaient divisées chacune en deux cent quarante-neuf parts ; et chaque département nommait autant de députés qu'il comptait de parts de population et payait de parts de contribution[1].

Ce système électoral donnait prise à des objections sérieuses. D'abord n'était-il pas un peu trop compliqué? Ensuite, en supposant que l'on eût à tenir compte de ces trois éléments, territoire, impôt, population, devait-on leur attribuer une valeur égale? N'est-il pas clair que les habitants, les êtres animés, vivants, ont droit d'être plus largement représentés que la richesse qu'ils ont créée, et surtout que le sol inerte qu'ils foulent aux pieds?

Les constitutions suivantes n'ont plus admis qu'une seule base, la population ; seulement, tantôt elles n'ont eu égard qu'au chiffre des électeurs inscrits sur les listes; tantôt elles ont compté tous les habitants du pays, d'après le recensement. Cette dernière façon de procéder a l'avantage de ne laisser aucune place à l'arbitraire; car on se souvient des plaintes souvent exprimées, quand l'omission d'un certain nombre d'électeurs sur les listes suffisait pour enlever un ou plusieurs députés aux départements qui faisaient des choix déplaisants.

En 1848, si ce qu'on rapporte est vrai, le gouvernement, forcé d'improviser, pour ainsi dire, une loi électorale, avait songé d'abord à découper la France en un certain nombre de carrés égaux ; chaque carré aurait formé un collége, appelé à nommer un député. Mais l'établissement de ces colléges présentait trop de difficultés : on y renonça, et il fut décidé que chaque département aurait à élire autant de députés qu'il comptait de fois quarante mille habitants. De plus, chaque département ne formerait qu'un collége unique, c'est-à-dire que tout électeur voterait pour autant de candidats qu'il y en avait à élire dans le département : c'est le scrutin de liste[2]. Ces dispositions furent adoptées par la Législative, en 1849, si ce n'est qu'on prit le chiffre de cinquante mille habitants, au lieu de quarante mille. Les dernières élections viennent d'être faites conformément à cette loi.

---

[1] Le chiffre 3 semble avoir plu tout particulièrement à l'Assemblée constituante : 3 bases de répartition ; 3 députés par département pour le territoire, sauf l'unique exception pour Paris; 249 députés pour la population et 249 pour la contribution ; c'est-à-dire le nombre des départements multiplié par trois.

[2] Le scrutin de liste existe dans les constitutions de 1791 et de 1795; dans celle de 1793, chaque collége n'élit qu'un député.

Si le scrutin de liste a ses nombreux partisans, il a aussi ses adversaires. — Il importe, disent les premiers, quand il s'agit d'élire les représentants de la nation, de ne pas donner aux influences locales trop de prépondérance. Une circonscription étroite, comme celle qui n'aurait à nommer qu'un député, ne s'occuperait pas toujours assez des intérêts généraux : les questions de clocher tiendraient une place considérable dans l'élection. Ajoutez qu'un riche manufacturier, un grand propriétaire, serait trop souvent le maître presque absolu du vote : on verrait alors des bourgs pourris. Enfin, et ceci n'est pas le moindre inconvénient, les réunions de personnes, à moins que par leur nombre même elles ne se mettent en dehors de ces mesquines passions, ont leur amour-propre, leurs petites vanités comme les individus : or, doit-on espérer que, sauf des exceptions toujours assez rares, les colléges auront la sagesse de préférer, aux candidats pris dans leur sein, des hommes de plus de valeur, mais qui auront le tort d'appartenir à la circonscription voisine?

Ces considérations ont leur gravité ; mais il faut reconnaître aussi que ceux qui n'aiment pas le scrutin de liste, tel qu'il est organisé, peuvent justifier leur répugnance par des raisons sérieuses. — Pourquoi, diront-ils d'abord, avoir pris le département, quelle que soit sa population, comme unité de collége, de sorte que les électeurs voteront ici (Hautes-Alpes) pour deux députés seulement ; ailleurs, pour huit, pour douze, pour quinze ; même pour vingt-huit, dans le Nord, et pour quarante-trois, dans la Seine? N'est-ce pas là une choquante inégalité? Si l'on répond que là où il y a dix fois, vingt fois plus de députés à nommer, le nombre des suffrages étant dix fois, vingt fois plus grand, chaque électeur perd en influence d'un côté ce qu'il semble gagner de l'autre, on conviendra que c'est au moins un singulier système de compensation. Est-il bien sûr d'ailleurs que la compensation ne soit pas plus apparente que réelle?

S'il est une condition essentielle pour que l'élection soit vraiment ce qu'elle doit être, un acte raisonné et réfléchi, c'est que chacun ait une connaissance assez exacte du candidat auquel il donne sa voix. Or, combien trouve-t-on d'électeurs, je le demande, qui puissent arrêter avec choix une liste de dix, de quinze noms? Que sera-ce, s'il en faut porter vingt-huit ou quarante-trois? Ceux-là même qui, par la lecture assidue des journaux, sont le plus au courant des affaires publiques, ne laissent pas que d'être encore souvent dans l'embarras : comment donc s'en tirera le gros des électeurs? Le hasard ou le caprice décident alors du bulletin que l'on jettera dans l'urne : comment, en effet, choisir entre des inconnus? On accepte une liste, parce qu'on y trouve un nom qui plaît ; un seul nom sert comme d'étiquette, et fera passer tous les autres. La liste elle-même, comment est-elle dressée? Par un comité qui a le droit, à coup sûr, de désigner les candidats qu'il préfère et qu'il recommande, mais, enfin, qui agit sans mandat : sorte d'électeurs du premier degré, avec cette différence qu'ils se sont nommés eux-mêmes.

Ce n'est pas tout : le scrutin de liste peut offrir ce danger que des minorités, même très-considérables, ne seront plus du tout représentées. Les diverses opinions ne sont jamais réparties dans la même proportion sur tous les points d'un département : souvent celle qui domine dans un arrondissement comptera beaucoup moins d'adhérents dans l'arrondissement voisin. Avec plusieurs colléges, tout parti, pourvu qu'il soit un peu nombreux, a la possibilité de faire passer, ici ou là, quelqu'un de ses candidats. Avec un collége unique, il en sera souvent tout autrement : que les partis se disciplinent, comme cela ne peut manquer d'arriver à la longue, que deux listes opposées soient en présence, avec des chances à peu près égales : il suffira de quelques centaines de voix, se portant à droite ou à gauche, pour que l'un des deux partis soit aussi complétement victorieux que s'il disposait de tous les suffrages ; quatre-vingt mille électeurs auront nommé quinze ou dix-huit députés ; soixante-dix-neuf mille, votant pour les candidats de l'autre liste, n'auront pu réussir à en envoyer un seul à l'Assemblée nationale. Est-ce là une véritable représentation?

Sommes-nous au bout des objections? Pas encore. Avec le suffrage universel, comme il s'agit de remuer les masses, les élections sont toujours une grosse affaire. Qu'un siége devienne vacant par suite de démission, de décès, ou pour toute autre cause, il faut rappeler au scrutin tous les électeurs, non pas seulement d'une partie du département, mais du département tout entier; et si ce département compte beaucoup de députés, ces élections peuvent se renouveler assez souvent pour que la population n'exerce plus le droit de suffrage qu'avec indifférence. Le vote, trop souvent répété, finit (cela s'est vu) par produire des abstentions nombreuses.

C'est pour ne pas multiplier les difficultés avec des scrutins trop fréquents, que la loi a décidé que le député serait élu à la majorité relative, si d'ailleurs il réunissait un nombre de voix égal au huitième du nombre total d'électeurs inscrits ; mais, avec ce huitième, l'élu n'aura souvent pour lui que le tiers, le quart, le sixième des votants, et peut-être moins encore. Il ira siéger à l'Assemblée; les portes lui en sont ouvertes : mais n'est-ce pas par une sorte de fiction légale qu'on l'appellera le représentant du pays? Le véritable représentant, tel que nous le comprenons, est celui qui peut se dire : Je suis ici, non pas le délégué d'une minorité, mais choisi par le plus grand nombre des électeurs.

La majorité absolue, voilà une de ces conditions qu'il faudrait exiger, si l'on ne veut pas que la sincérité de la représentation puisse être altérée. Qui ne voit, en effet, qu'à un moment donné, la loi qui nous régit peut amener des résultats au moins singuliers? Que les trois quarts des électeurs s'accordent dans leurs idées et dans leurs affections politiques, mais se divisent dans leurs préférences quant aux personnes : ils ne donneront peut-être à aucun de leurs candidats cette majorité relative, que le dernier quart, mieux uni devant l'urne, aura procurée à l'homme de son choix. Le scrutin a de ces accidents et de ces hasards qu'il faudrait pouvoir corriger. Mais non; le premier vote suffit, il est définitif, et l'opinion que repoussent la plupart des électeurs est celle qui aura triomphé fortuitement. Cède-t-on à un esprit de dénigrement, si l'on désapprouve la loi qui consacre de pareilles étrangetés? Telle est pourtant une des conséquences du scrutin de liste, combiné avec le suffrage direct : car, disons-le en passant, la difficulté n'est plus la même si l'on a des électeurs du second degré; ils pourront bien plus aisément recommencer le vote, jusqu'à ce que le vote donne une majorité absolue, la seule qui soit vraiment sérieuse.

Malgré les justes critiques dont il peut être l'objet, le scrutin de liste, tel qu'il est établi, a pourtant été jusqu'ici accepté sans trop de répugnance. Il n'en est pas de même d'une autre disposition, bien moins importante cependant, de la loi de 1849. Les électeurs doivent tous se réunir au chef-lieu de leur canton, à moins qu'en raison de circonstances locales, le canton n'ait été partagé en circonscriptions; mais ces circonscriptions, dans tous les cas, ne peuvent être au nombre de plus de quatre.

Cette question du vote au canton ou à la commune, contrairement résolue par l'Assemblée actuelle en faveur de la commune, passionne encore les esprits. Il est du devoir du législateur, disent les uns, de faciliter l'accès de l'urne. Quand on force l'électeur à se déplacer, à se rendre, péniblement peut-être, dans une commune éloignée de la sienne, qu'est-ce autre chose que l'entraver dans l'exercice de son droit? Malgré sa bonne volonté, la distance à franchir, les intempéries des saisons lui permettront-elles toujours de faire acte de citoyen? L'habitant de la ville n'a qu'à sortir de sa maison ; la salle électorale est devant sa porte : sans rien déranger de ses occupations, de ses plaisirs, quelques minutes lui suffisent pour aller déposer son bulletin. Mais le paysan! on fait pour lui du vote une espèce de corvée. N'importe, il s'est résigné à la fatigue, à la perte de sa journée; il s'est transporté au chef-lieu de son canton ; mais, dans ce milieu qui n'est pas le sien, où il est comme étranger, lui sera-t-il facile de garder sa pleine et entière liberté, de ne point être vaincu par les influences de toute nature qui vont l'assiéger? Tous doivent être égaux devant la loi : ici, cependant, il y a des privilégiés; pourquoi cette commodité faite aux uns, cette gêne imposée aux autres?

On s'exagère à plaisir, répondent les partisans du vote au canton, es difficultés que présente l'exécution de la loi de 1849. Nul ne perd sa liberté, parce qu'il a franchi les limites de son village; les électeurs d'une même commune vont ensemble, ils emportent avec eux leur bulletin. A chaque instant le paysan se déplace pour aller, souvent à de grandes distances, aux foires, aux marchés. Avec la possibilité d'avoir quatre bureaux par canton, le bureau ne peut jamais être bien éloigné pour personne. L'élection, d'ailleurs, ne revient qu'à de longs intervalles. Si l'électeur trouve si rude une promenade, une fois tous les trois ou quatre ans peut-être, jusqu'à la ville ou au village voisin, pour aller user de son droit, c'est qu'en vérité il tient assez peu à l'usage de ce droit. Si l'on ne songe qu'à faciliter l'exercice du vote, ce n'est plus seulement dans chaque commune qu'il conviendra de faire voter, mais souvent dans plusieurs endroits de la commune; car combien de villages, au lieu de former une agglomération, se composent de maisons isolées, disséminées, et ne présentent ainsi qu'une unité nominale et toute conventionnelle! Tel habitant demeure parfois à six ou huit kilomètres de la mairie. A moins que ce ne soit plus l'électeur qui vienne trouver l'urne, mais l'urne qui aille trouver l'électeur, promenée de maison en maison (et cela a été demandé quelquefois), il y aura toujours des déplacements inévitables. Sans doute il convient d'en réduire le nombre; mais il s'agit de savoir si le vote à la commune n'aurait pas des inconvénients d'une autre nature, et plus graves. L'accomplissement des opérations électorales est une affaire délicate : que d'irrégularités peuvent s'introduire dans la réception des votes, dans le dépouillement des suffrages, et vicier l'élection! Qui ne se souvient des étranges abus signalés dans certaines vérifications de pouvoirs? Ici, des tiers votant pour des absents; là, des substitutions de bulletins; ailleurs, plus de bulletins dans l'urne qu'il n'y avait d'électeurs inscrits. Ignorance ou fraude, c'est surtout dans les petites communes que se produisent ces faits regrettables. Le contrôle, au canton, est plus sérieux : les choses ne s'y passent pas comme en famille, c'est-à-dire un peu à la légère; là, plus de ces maires et de ces assesseurs, qui ne savent pas lire, encore moins écrire : d'ailleurs, la présence d'électeurs venus de différents points, et qui ne se connaissent pas, garantit mieux la stricte observation de la loi.

Entre ces deux opinions, le lecteur choisira. Remarquons seulement qu'avec le suffrage à deux degrés, la question serait toute résolue. Si les électeurs, chargés de nommer les députés, sont élus par le vote à la commune, il est tout simple, que pour remplir leur mandat, ils aient un lieu de réunion où ils puissent s'assembler en assez grand nombre et se concerter.

V

Tout citoyen a le droit, au risque de passer pour un esprit chimérique, de faire son plan, l'un, pour la réorganisation de l'armée, l'autre, pour la refonte des institutions administratives ou judiciaires. Nous pouvons donc nous hasarder, nous aussi, à faire notre projet de loi électorale : c'est une satisfaction que chacun de nous peut se donner, même sans avoir l'honneur d'exercer les fonctions législatives.

Reculer de trois ou quatre ans l'âge prescrit pour être électeur, ne pas admettre à voter le soldat en activité de service, établir le suffrage à deux degrés, voilà les réformes que nous proposerions tout d'abord. Nous en avons plus haut donné les raisons : il est inutile de les répéter ici.

Nous ne voudrions ni du collége nommant un unique député, ni du scrutin de liste pour tous les députés d'un même département, alors que le nombre des députés à élire peut s'élever jusqu'à vingt-huit et même quarante-trois. Nous l'avons déjà remarqué, dans le premier cas, les influences de clocher sont trop prépondérantes; dans le second, outre qu'il y a trop d'inégalité entre les divers départements, souvent les électeurs sont dans l'impossibilité de connaître les nombreux candidats qui se présentent à leurs suffrages : d'ailleurs, des minorités considérables courent le risque de n'être pas du tout représentées. Avec des circonscriptions qui auraient à élire de quatre à six députés, ne resterait-on pas dans de justes limites? Ni trop petites, ni trop vastes, elles échapperaient aux inconvénients que nous avons signalés : les considérations locales n'y feraient pas oublier les questions politiques ; et l'électeur, encore assez rapproché de ceux qui sollicitent sa confiance, n'aurait pas à livrer son vote au hasard.

Dans ce système, il sera plus facile aux minorités nombreuses de faire arriver des candidats de leur choix; mais ce n'est là, cependant, il faut le reconnaître, qu'une chance de plus, ce n'est pas une certitude. Si l'on veut sauver le droit des minorités, il reste encore à chercher quelque autre chose.

Mais, d'abord, en quoi consiste le droit des minorités? Et quand on en parle, ne se paye-t-on pas de mots? Il s'agit de s'entendre. Évidemment, du jour où la loi est faite, il n'y a plus ni majorité ni minorité ; la loi oblige tout le monde, ceux qui ne l'ont pas faite aussi bien que ceux qui l'ont faite ; elle n'est pas valable seulement aux deux tiers, aux trois quarts, selon qu'elle a eu pour elle les deux tiers, les trois quarts des voix : elle s'impose tout entière, absolue, sans restriction, comme si elle était l'expression de l'unanimité des opinions. Mais le droit que peuvent réclamer les minorités, c'est d'avoir accès dans l'assemblée qui fait la loi, en nombre proportionnel à leur importance. Les députés sont appelés les représentants de la nation : la vraie, la sincère représentation serait celle qui reproduirait l'image abrégée de la France, avec ses variétés d'idées, de sentiments et de volontés. Tout est réduit dans une miniature fidèle ; mais il n'y manque aucun des traits qui font la ressemblance. Une chambre où toutes les opinions, tous les intérêts trouveraient une place relativement égale à celle qu'ils occupent dans le pays, serait la représentation la plus exacte qui se pût obtenir.

Cette parfaite représentation ne se verra jamais, nous le savons. C'est comme un idéal qu'on ne peut atteindre, mais dont il faut au moins, autant que possible, se rapprocher. La justice est le fondement même de toute société : or, est-il juste, nous le demandons à tout esprit non prévenu, que cent mille électeurs, groupés dans une même opinion, s'ils se trouvent opposés à cent mille plus un, soient devant le scrutin absolument comme s'ils n'étaient point ; et que ceux-ci, parce qu'ils disposent de quelques voix de plus, élisent, non pas seulement plus de députés, ce qui serait tout naturel, mais tous les députés du même collége, seize ou vingt peut-être, tandis que ceux-là ne pourront pas faire arriver un seul candidat de leur choix ?

Mais il n'y a pas là seulement une question de justice. Dans l'intérêt même de la majorité, il est bon que la minorité ne puisse se plaindre qu'elle est étouffée. Donnez-lui la place qui lui revient, elle n'en restera pas moins la minorité ; mais elle n'aura plus le droit de protester contre les décisions du scrutin. Quand la loi peut être accusée de partialité, on s'habitue aisément à la moins respecter : le suffrage, s'il cesse d'être tenu pour équitable, au lieu d'être le dénoûment pacifique de toutes les luttes, risque d'en provoquer de nouvelles, et parfois même de violentes. Il ne sera reconnu comme la raison dernière, le suprême arbitre devant lequel tous s'inclineront, qu'à une seule condition ; c'est qu'il assurera à toutes les opinions leur part légitime dans la représentation nationale : sinon, il est permis de le craindre, dans un avenir plus ou moins prochain, ce n'est plus au vote que les partis, qui se croiront lésés par le scrutin même, s'adresseront pour obtenir la réparation de leurs griefs ; une victoire ne sera plus, pour ceux qui l'auront obtenue, une victoire incontestée. Donner aux minorités les satisfactions auxquelles elles ont droit, c'est encore, pour la majorité, le meilleur moyen d'assurer son triomphe.

Sans doute, quand notre parti l'emporte numériquement sur les autres, il nous est difficile de nous résoudre à ne pas vaincre sur toute la ligne : pour laisser à nos adversaires, par exemple, s'ils comptent pour eux, dans le collége, les deux ou les trois dixièmes des électeurs, deux ou trois députés à élire sur dix, il faudrait faire sur nous-mêmes un effort dont nous ne sommes guère capables : nous ne serions que justes, et nous croirions être généreux. Et cependant si de semblables accommodements devenaient la règle commune, ailleurs peut-être ce serait notre opinion qui aurait à en profiter. Mais quoi qu'il en soit, perte ou gain pour nos idées particulières, peu importe : il faut savoir s'affranchir de ces considérations intéressées, et chercher uniquement ce qui est conforme à l'équité. Que de questions seraient plus promptement résolues, si chacun savait les examiner sans esprit de parti et sans calcul!

Remarquons-le d'ailleurs : avec l'organisation actuelle du suffrage, il pourrait se faire qu'à un moment donné l'opinion qui aurait pour elle la majorité dans le corps électoral se trouvât cependant en minorité dans l'Assemblée nationale, résultat étrange sans doute, mais qui n'est pas absolument improbable. Supposons en effet que de deux partis qui sont en présence (nous en pourrions compter plus de deux, hélas!), l'un domine presque exclusivement dans un tiers de la France, tandis que dans le reste du pays l'autre l'emporte, mais de peu. Ce second parti, bien qu'il n'ait pour lui, dans l'ensemble de la nation, que la minorité des électeurs, nommera cependant, grâce à la manière dont les suffrages sont répartis, les deux tiers des députés [1]. N'est-ce pas contraire

[1] Des chiffres feront mieux comprendre notre pensée. Supposons 3 départements, dont chacun compte 100,000 électeurs, et doit nommer 10 députés. Les deux opinions A et B peuvent se partager les voix de telle sorte qu'on aura les résultats suivants :

	VOIX POUR L'OPINION A.	VOIX POUR L'OPINION B.	ÉLUS DE L'OPINION A.	ÉLUS DE L'OPINION B.
1ᵉʳ Département.	90,000	10,000	10	»
2ᵐᵉ —	45,000	55,000	»	10
3ᵐᵉ —	45,000	55,000	»	10
	180,000	120,000	10	20

D'un côté 180,000 électeurs seront représentés par 10 députés, et de l'autre 120,000 par 20. Nous avons pris, pour la simplicité du calcul, trois départements au droit et à la logique? Nous ne disons pas que cela s'est vu ni se verra, mais cela peut se voir. Une loi, avec laquelle de pareilles anomalies sont possibles, n'appelle-t-elle pas une sérieuse réforme? Nous parlions du droit des minorités; mais ici c'est le droit de la majorité même qui peut être menacé : les mêmes mesures qui protégeront l'un, doivent aussi protéger l'autre.

La question qui nous préoccupe a déjà été traitée par les Chambres anglaises, et a reçu une solution au moins partielle. Le suffrage accumulé a été autorisé par la loi, c'est-à-dire que dans un collége qui nomme trois députés, chaque électeur, s'il le veut, au lieu de voter pour trois candidats différents, peut porter trois fois sur son bulletin le même nom. Il en résulte que s'il y a, je suppose, mille électeurs, quatre cents d'entre eux, en s'entendant, peuvent, quoi que fassent leurs adversaires, donner une suffisante majorité au candidat qu'ils auront choisi. Mais les colléges qui ont à élire trois députés (et c'est dans ceux-là seulement que le vote peut être accumulé) sont en très-petit nombre. Dès lors, la représentation des minorités n'a reçu qu'une insuffisante satisfaction.

Dans nos colléges, appelés tous à nommer, nous l'avons déjà vu, de quatre à six députés, l'application du vote accumulé serait possible. Nous l'aimerions mieux que ce qui existe aujourd'hui; mais il y a quelque chose qui nous semble encore préférable. Voilà, par exemple, une circonscription qui doit nommer cinq représentants : admettons que les électeurs se partagent, quant aux opinions, en cinq groupes numériquement égaux; il est évident que chaque groupe a les mêmes droits, et que pour être représenté il doit avoir un député! En d'autres termes, chacun des cinq députés élus représentera un cinquième des électeurs.

Partons de cette idée : chaque votant inscrira sur son bulletin, non pas plusieurs noms, mais un seul; selon qu'il y a quatre, cinq ou six députés à choisir, tout candidat qui aura obtenu un quart, un cinquième ou un sixième des suffrages, sera élu. Si les adhérents à une même opinion disposent d'assez de voix, ils pourront, après s'être concertés, distribuer leurs votes de manière à faire triompher plusieurs de leurs candidats. L'entente préalable ne peut présenter de sérieuses difficultés, car nous avons, ne l'oublions point, le suffrage à deux degrés, c'est-à-dire des électeurs choisis, plus intelligents, et en nombre relativement peu considérable[1].

égaux; mais on peut changer les chiffres, prendre tous les départements, et arriver encore à des résultats de même nature.

[1] D'après la constitution de 1791, il était nommé un électeur (du second degré)

Si, à un premier tour de scrutin, plusieurs noms sont sortis de l'urne avec la majorité nécessaire, au second tour les chiffres requis pour la validité de l'élection ne pourront plus être les mêmes, cela va de soi. Quand il n'y a qu'un seul représentant à nommer, la majorité absolue est de rigueur ; dans tous les autres cas, il ne s'agit que de diviser le nombre de suffrages exprimés par celui des députés qui restent à élire, et le quotient donne le minimum de voix qu'il faut obtenir pour être proclamé membre de l'Assemblée nationale. C'est là une opération arithmétique qui n'a rien de bien compliqué.

La possibilité, la probabilité même de plusieurs tours de scrutin présente-t-elle quelque inconvénient grave ? Sans doute, dans le système qui admet le suffrage direct, la convocation, plusieurs fois répétée, de tous les électeurs est une grosse affaire ; mais on n'y échappe qu'au prix d'un réel danger, celui d'altérer la sincérité de la représentation, danger qui ne peut se nier, si l'on réfléchit au chiffre minime de voix qui suffit pour qu'il y ait élection. Encore n'est-il pas sûr, même dans ces conditions, qu'on évitera un second tour de scrutin, où il faudra se contenter, pour ne plus déranger les électeurs, non pas seulement du huitième des voix, mais de n'importe quel chiffre, si faible qu'il soit. Si l'on introduit le suffrage à deux degrés, les opérations du vote, concentrées sur quelques points, sont plus rapides et plus faciles ; la nécessité de plusieurs tours de scrutin sera aisément acceptée par les citoyens investis des fonctions électorales. Ajoutons qu'on ne verra plus, comme il est arrivé trop souvent, l'urne désertée par un grand nombre de ceux qui ont le devoir, aussi bien que le droit, de venir y jeter leur bulletin.

Il est encore une réforme qui peut avoir son utilité. Aux élections pour la Constituante, en 1848, chaque département eut à nommer autant de députés qu'il comptait de fois 40,000 habitants. On eut ainsi une assemblée composée d'un peu plus de neuf cents représentants. Mais dans toute assemblée trop nombreuse entrent plus facilement le tumulte et le désordre qu'il ne faut pas confondre avec le mouvement et la vie. D'ailleurs, du moment où on a élevé une tribune, c'est apparemment pour que les orateurs aient un auditoire, pour qu'ils puissent communiquer leurs pensées à ceux qui siégent devant eux : or, il ne faut pas exiger des forces humaines

---

à raison de cent citoyens actifs (premier degré), d'après la constitution de 1791 ; à raison de deux cents, d'après la constitution de 1795. En supposant que le quart à peu près de la population totale pouvait prendre part aux assemblées primaires, c'était un électeur du second degré pour 400 ou pour 800 habitants. La population étant prise pour base, si l'on admet que chaque commune envoie autant d'électeurs qu'elle compte de fois 200 habitants, comme il y a un député par 50,000 habitants, un collége qui aurait à nommer six députés compterait au maximum 1,500 électeurs.

plus qu'elles ne peuvent donner : à moins d'être doués d'une singu-
lière puissance d'organe, ceux qui veulent apporter leurs idées à la
tribune sont souvent condamnés à n'être pas entendus de tous ceux
qui les écoutent. Dès lors, la discussion ne risque-t-elle pas d'être
confuse et en grande partie perdue? La loi de 1849, en prenant pour
base de la représentation le chiffre, non plus de 40,000, mais de
50,000 habitants, réduisit les députés au nombre d'environ 750.
C'était bien, mais il est permis de croire que ce n'était pas encore
assez. Quoique atténués, les inconvénients auxquels on voulait remé-
dier se faisaient toujours sentir. Nous verrions tout avantage à
n'avoir qu'une assemblée de 500 membres : elle est assez nombreuse
pour que les députés qui font vraiment l'honneur et la force d'une
chambre y trouvent toujours leur place ; le choix des électeurs ne se
porte-t-il pas tout d'abord sur les plus distingués parmi ceux qui
représentent leurs opinions? Ceux qu'ils laisseront de côté peuvent
avoir encore du mérite, nous ne le contestons point, mais un mérite
qui n'ajoutera pas beaucoup à la valeur d'une assemblée. Enfin, il est
une considération qui peut être invoquée aujourd'hui plus que jamais :
que le mandat de député ne soit point exercé gratuitement, rien de
plus naturel sous un régime démocratique ; car il est bon qu'aucun
citoyen ne soit écarté de la Chambre par l'insuffisance de sa fortune.
Mais il n'en est pas moins vrai qu'avec une représentation moins
nombreuse, le pays pourrait réaliser une économie, qui, dans l'état
actuel de nos finances, ne serait pas à dédaigner.

VI

Telles sont les principales dispositions que nous voudrions voir
adoptées dans la prochaine loi électorale. Nous n'avons pas la pré-
tention de croire qu'elles seront approuvées par tous, ni même par le
plus grand nombre. Mais il y a du moins un point sur lequel tout le
monde, ou presque tout le monde, est d'accord, c'est qu'il est nécessaire de modifier la loi qui nous régit présentement. Chacun sent
qu'il y a d'importantes réformes à opérer : dans quel sens se feront-
elles? Nous ne pouvons le deviner, mais il s'en fera certainement.
C'est une de ces questions qui s'imposent à l'Assemblée : il y en a
de bien graves soumises à ses délibérations ; mais elle n'en résoudra
peut-être pas de plus grave. La loi électorale a toujours été d'une
capitale importance ; qui ne sait les violents débats qu'elle a provo

qués sous la Restauration ? La révolution de 1830 se faisait en grande partie contre le système d'élection que la monarchie introduisait par ordonnance. Une autre révolution, celle de 1848, s'accomplissait au nom de l'extension du suffrage ; et quatre ans plus tard, quand le président de la République portait la main sur la Constitution qu'il avait juré de respecter et de défendre, de quel prétexte se servait-il pour justifier son entreprise ? A l'entendre il voulait avant tout restituer, à ceux qui en avaient été dépouillés, leur droit de voter. Même sous le régime monarchique, alors que la chambre élue n'a qu'une part limitée du pouvoir, la loi électorale a encore une grande influence sur l'avenir du pays ; mais quand le suffrage est la source unique de toute autorité, quand une assemblée, issue du vote, est la souveraine maîtresse de l'État, on peut dire que cette loi contient dans ses articles toutes les destinées de la nation. A une telle œuvre, le législateur ne saurait apporter un soin trop religieux. Puissent seulement, quand sera venue l'heure où il devra s'en occuper, puissent les partis s'oublier pour un instant, n'avoir en vue que la paix et l'équité, et chercher ainsi, non pas ce qui peut leur profiter passagèrement, mais ce que réclament les intérêts permanents de la France !